Wenming Neimenggu Congshu

文明内蒙古丛书

文明实践在身边
市 民

海清 编著

内蒙古人民出版社

图书在版编目（CIP）数据

文明实践在身边. 市民 / 海清编著. —呼和浩特：内蒙古人民出版社，2021.10

（文明内蒙古丛书）

ISBN 978-7-204-16888-0

Ⅰ. ①文… Ⅱ. ①海… Ⅲ. ①社会主义精神文明建设－中国 Ⅳ. ①D648

中国版本图书馆 CIP 数据核字（2021）第 226839 号

文明实践在身边·市民

作　　者	海　清
策划编辑	王　静
责任编辑	王　曼
封面设计	徐敬东　刘那日苏
出版发行	内蒙古人民出版社
地　　址	呼和浩特市新城区中山东路 8 号波士名人国际 B 座 5 楼
网　　址	http://www.impph.cn
印　　刷	内蒙古恩科赛美好印刷有限公司
开　　本	710mm×1000mm　1/16
印　　张	6.5
字　　数	48 千
版　　次	2021 年 10 月第 1 版
印　　次	2023 年 2 月第 1 次印刷
书　　号	ISBN 978-7-204-16888-0
定　　价	22.00 元

如发现印装质量问题，请与我社联系。联系电话：（0471）3946120

"文明内蒙古丛书"编委会

主　　编：杨佐坤
执行主编：王　静
副 主 编：陈利保　武连生
编　　委：蔺小英　乌恩其　董丽娟　杨喜英
　　　　　王喜刚　李林燕　孙红梅　王重杰
　　　　　王　曼　李治国　段瑞昕　司景民
　　　　　王　实　宝勒道

"文明内蒙古丛书"

线上资源待查收

开 电子书库
阅读本系列全部电子书

学 法律知识
做知法懂法好公民

看《道德观察》纪录片
学习生活中的好榜样

学习笔记
在线记笔记
平台内分享促进步

微信扫码
还有本社好书推荐

序

中华文明源远流长，孕育了中华民族的宝贵精神品格，培育了中国人民的崇高价值追求。中国特色社会主义进入新时代，加强公民道德建设、提高全社会道德水平，是全面建设社会主义现代化强国的战略任务，是适应社会主要矛盾变化、满足人民对美好生活向往的迫切需要，是促进社会全面进步、人的全面发展的必然要求。

党的十八大以来，以习近平同志为核心的党中央高度重视公民道德建设，立根塑魂、正本清源，做出一系列重要部署。中共中央、国务院于2019年10月印发了《新时代公民道德建设实施纲要》，明确了新时代推进社会公德、职业道德、家庭美德、个人品德建设的举措和方向，推动思想道德建设取得显著成效。

然而，随着国际国内形势的深刻变化，我国经济社会的深刻变革，在市场经济规则、政策法规不够健全，社会治理体系不够完善的阶段，受不良思想文化侵蚀和网络有害信息影响，我国道德领域依然存在着不同程度的道德失范现象，拜金主义、享乐主义、极端个人主义仍然比较突出，一些社会成员道德观念模糊甚至缺失，是非、善恶、美丑不分，见利忘义、唯利是图，损人利己、损公肥私，造假欺诈、不讲信用的现象久治不绝，突破公序良俗底线、妨害人民幸福生活、践踏国家尊严、伤害民族感情的事件时有发生。这些问题都需要逐步解决。所以，加强公民道德建设是一项长期而紧迫、艰巨而复杂的任务，需要公民从自身做起，积极参与新时代文明实践活动，践行社会主义核心价值观。

"全部社会生活在本质上是实践的。"精神

文明观念只有通过实践才能实现内化、固化、转化。公民积极参与新时代文明实践，对于提升个人思想觉悟、道德水准、文明素养和全社会文明程度意义深远。同样，个体和群体的精神文明建设成效需要实践来检验。

"文明内蒙古丛书"是一部旨在引领社会思潮、规范道德行为、树立新风正气的丛书。丛书以党员干部、农牧民、市民、企业员工、大学生五类群体为对象，以习近平新时代中国特色社会主义思想和社会主义核心价值观为理论指导，有针对性地为各类群体树立文明实践标准，从而引导内蒙古各族人民形成爱国爱家、相亲相爱、向上向善、共建共享的社会主义文明新风尚，让内蒙古成为锻造理想信念的熔炉、弘扬主流价值的高地、滋养文明风尚的沃土。

《文明实践在身边·党员干部》从党员干部生活中的文明实践、工作岗位文明实践、遵守基本行为规范三个方面切入，详细阐释了党员干部在引领社会新风尚、推动社会进步中发挥的文明行为倡导者、先行者、带头人、主力军的独特作用。通过政策理论引导、反面案例警示、小讲堂提醒等方式，对党员干部怎么做城市文明的先行者，怎么做生态文明的先行者，怎么做文明出行、文明餐桌的先行者，在道德文明建设中起什么作用、传承什么家风、引领什么风尚、遵守哪些基本行为规范等加以明确，对于党员干部提升文明素养，带动群众树立文明意识，推进社会文明具有积极意义。

《文明实践在身边·农牧民》立足农村牧区实际，用农牧民喜闻乐见的顺口溜、标语等形式宣传新时代乡风文明建设内容。全书以社会主义核心价值观为纲，从讲文明、懂礼仪、树新风，爱劳动、勤动脑、勤动手，扬法治、学法规、守规矩，爱中华、讲团结、共发展，爱家乡、护生态、兴产业五个方面切入，每个章节以顺口溜、小故事、知识链接或案例为内容，用农牧民听得懂的语言指出农村牧区存在的陋习，倡导好的做法，从而规范农牧民的言行举止，破除陈规陋习，树立文明新风，营造文明和谐的乡村环境。同时，以铸牢中华民族共同体意识为主线，结合内蒙古正在开展的群众性文明内蒙古建设"十大行动"，将群众性文明实践活动具体化，助力内蒙古乡村振兴。

《文明实践在身边·市民》从公民道德教育、遵守文明行为基本规范方面立意，对如何践行社会公德，在社会中做一个好公民；如何遵守职业道德，在工作中做一个好职工；如何弘扬家庭美德，在家庭中做一个好成员做了阐述。特别是就每个人在日常生活中如何践行文明行为基本规范给出了答案，同时关注了老百姓关心的文明就医、文明上网、文明用餐、文明养犬等日常问题。书中既有分享文明知识的"小讲堂",又有鲜活的案例,融可读性、宣教性、趣味性于一体,是一本生动有趣的市民文明实践读本。

《文明实践在身边·企业员工》阐述了爱国主义精神的内涵,教育引导企业员工自觉接受爱国主义教育,自觉践行爱国主义精神。同时对企业员工认同企业文化和岗位价值做了简单明了的阐释,对员工应遵守的基本行为规范进行了分类说明,指出员工应当承担的义务。全书既有思想引导,又有分类分条的职业行为规范,对企业员工规范自身行为,积极参与企业文化建设,提高团队协作意识,履行法定义务具有一定指导意义。

《文明实践在身边·大学生》从引导大学生做好身边点滴小事和遵守基本行为规范着手,帮助大学生群体坚定理想信念、树立远大理想,成为担当民族复兴大任的时代新人。全书以大学生应该坚定什么样的理想信念,锤炼什么样的品德，如何强健体魄、严于律己等为内容，通过摆案例、讲故事、立规范等形式，明确了大学生在校园内应该践行的文明礼仪和遵守的规章制度，在校园外应该弘扬的传统美德和遵守的法律法规等。针对大学生如何爱国、如何维护民族团结、如何参加社会实践等给出行动指南，在引导新时代大学生等青年群体积极践行社会主义核心价值观方面做了有益探索，具有较强的指导性和教育性。

本丛书的出版有利于在内蒙古营造培育和践行社会主义核心价值观的浓厚氛围，是贯彻习近平新时代中国特色社会主义思想的具体实践，具有重要的现实意义和教育意义。

目 录

扫码查看
- 同系列电子书
- 法制科普教育

第一章　公民道德教育 / 1

（一）遵守社会公德，在社会中做一个好公民 / 1

（二）讲求职业道德，在工作中做一个好建设者 / 6

（三）注重家庭美德，在家庭里做一个好成员 / 12

（四）提高个人品德，在日常生活中养成好品行 / 19

第二章 遵守文明行为基本规范 / 23

（一）文明"十不" / 23

（二）文明"十要" / 29

（三）遵守公序公德 / 29

（四）文明出行 / 32

（五）文明旅游 / 37

（六）文明用餐 / 40

（七）共建文明社区 / 44

（八）共建文明家庭 / 49

（九）文明养犬 / 52

（十）文明上网用网 / 55

（十一）文明就医 / 59

（十二）处理垃圾要分类 / 62

（十三）讲卫生 防疫病 / 64

（十四）积极参与志愿服务 / 71

（十五）文明穿戴 / 80

后 记 / 89

第一章
公民道德教育

扫码查看
· 同系列电子书
· 法制科普教育

（一）遵守社会公德，在社会中做一个好公民

践行以文明礼貌、助人为乐、爱护公物、保护环境、遵纪守法为主要内容的社会公德，在社会中做一个好公民。

"人而无德，行之不远。"一个社会文明有序，既靠先善其身的私德，也离不开相善其群的公德。遵守社会公德是新时代公民道德建设的重要内容。公民要有公共责任心、公民义务感，破除"事不关己，高高挂起"的狭隘心理。从公共场所举止文明到邻里相处和睦互助，从举手之劳保护环境到心底无私为民服务，人人遵守社会公德，努力

实现精神之美、行为之善、思想之真，就能让道义的力量汇流成河，润泽社会和谐有序运转。对于个人而言，激发"见善如渴，闻恶如聋"的意愿，增进"己所不欲，勿施于人"的行动力，就能成为一个"精神富有"的人，成为一个有益于他人和社会的人。

 小故事

戈壁滩上扑火救人

2020年10月15日晚，深秋的内蒙古阿拉善又多了几分寒意，荒无人烟的戈壁滩上，一辆汽车突然起火，车上的货物让火势迅速蔓延，乘客随时会有生命危险，这时结束工作的阿拉善电业局工人敖其尔、王国全、冀宪勇、王波、孙明辉、李慧彬6人驾车行驶在公路上，突然司机敖其尔发现有一辆车停靠在路边，此处正处在拐弯处的视野盲区，长时间停车十分危险。敖其尔心中疑惑，和车里的同伴嘀咕："前面那辆车怎么停在那么危险的位置，天这么黑，多不安全！"坐在前排的王波突然喊道："车上好像有火星，还冒着烟呢！"原本昏昏欲睡的几个人瞬间紧张起来，敖其尔迅速将车停在安全的地方，大家急忙跳下车向货车跑去，敖其尔顺手带上了车里的灭火器。大家跑到货车旁边，发现车上的货物散落一地，大火不断蔓延，马上就要触及路基边的干草。他们顾不上问明情况，立即拿起灭火器灭火。由于平日里6人也是紧密协作，所以大家的反应非常迅速——王波站在路边指挥过往车辆，其他人拿灭火器灭火。在大家的通力合作下，不一会儿便阻断了车边火源。但是，周边火势已向外扩散开来，若是引着周边草场的枯草，借助风势，后果不堪设想。眼见灭火器见底，情急之下，大家顾不得自身安危，用手捧起沙土朝火苗蔓延的方向盖过去。一群小伙连呼带喊、连滚带爬，终于赶在火势蔓延开之前将火扑灭。确认现场没有安全隐患后，他们通过询问得知，货车上的3人都是当地牧民，装着洗涤剂等货物赶往外地售卖，在路途中货物起火，怕引燃货车，才将货物全部推下了车。

看着地上被烧得七零八落的货物，几个小伙顾不上休息，拖着疲倦的身体帮助牧民们整理货物、装车。此时，小伙们脸上都已被冻得发青，鼻涕止不住地往外流，挤漏的洗涤剂洒在身上冻结成块，衣服手套也皱成一团。大家一起将货物重新装车。3位牧民满眼泪光，不停向几个小伙鞠躬，感谢他们。小伙们赶忙将牧民推上车，见他们没有照明设备，还将随身携带的手电筒留给了他们，之后便驾车离开了。

到达住所后，6人才发现自己好不狼狈——有人的裤边被烧没了，有人的鞋底被烧焦了，每个人的头发、脸上都沾着洗洁精和沙土，看着疲倦不堪的彼此，大家都会心地笑了。2020年12月，敖其尔、王国全、冀宪勇、王波、孙明辉、李慧彬入选"中国好人榜"。

（来源：中国文明网，有删改）

（二）讲求职业道德，在工作中做一个好建设者

践行以爱岗敬业、诚实守信、办事公道、热情服务、奉献社会为主要内容的职业道德，在工作中做一个好建设者。

"如果你是一滴水，你是否滋润了一寸土地？""如果你是一颗最小的螺丝钉，你是否永远守在你生活的岗位上……"这是雷锋日记里的话，他告诉我们无论身处什么样的工作岗位都要发挥最大的潜能，做出最大的奉献。

孔子曰：事思敬，就是说对待本职工作，不仅要爱岗，更要敬业。唯有敬业，才能无怨无悔，一往无前；唯有敬业，才能劈波斩浪，扬帆起航。

爱岗敬业，往高处讲是人类社会最为普遍的奉献精神，它看似平凡，实则伟大。只有爱岗敬业的人，才会在自己的工作岗位上勤勤恳恳，不断地钻研学习，一丝不苟，精益求精，才有可能

成为社会和国家的有用之才。从现实来讲，我们首先要敬畏工作、敬畏岗位，端正工作态度，珍惜自己从事的工作，只有做到这些才能够体现一个人的工作价值、社会价值和经济价值。

小故事

郝慧霞是呼和浩特市第二医院皮肤性病科主任，她工作敬业，默默奉献，2020年底被选树为第九届"最美青城人"暨呼和浩特市敬业奉献道德模范。从2016年开始，郝慧霞带领皮肤性病科科室人员不断钻研新技术，积极引进各种先进治疗手段，提高治疗效果。同时从实际出发，专心钻研及推广临床诊疗新技术，实现了皮肤性病科从无到有、从有到精、从精到强。2020年，呼和浩特市第二医院皮肤性病科被评为呼和浩特市中医皮肤性病重点学科。2020年新冠肺炎疫情发生后，呼和浩特市第二医院承担了分流首都机场的国际航班发热等疑似乘客的排查及救治任务，郝慧霞带领团队14天内完成了192名疑似乘客的排查及救治工作，圆满完成了一线排查及救治任务。在忙碌的工作之余，郝慧霞不忘参与公益活动。从2017年开始，她每月定期多次到呼和浩特市各监狱及强制戒毒所为服刑人员进行性病知识科普讲座和各种性病诊疗工作。郝慧霞用自己的实际行动诠释了医者仁心与敬业精神。

（来源：呼和浩特新闻网 2021 年 9 月 29 日，有删改）

防疫先锋忠于事业 燃尽生命

李十月，男，1960 年 10 月出生，生前系武汉大学健康学院护理学系主任、博士生导师。他长期从事流行病学和儿童少年卫生学的教学科研工作，在新冠肺炎疫情等突发事件的卫生防疫与疾病控制中做出了重要贡献。2020 年 11 月，他在出差途中突发脑溢血，不幸逝世，享年 60 岁。2020 年 12 月，李十月入选"中国好人榜"。

在武汉大学，李十月长期从事流行病学和儿童少年卫生学的教学和研究，曾是学院流行病学（本科生）、现代流行病学（研究生）、临床研究设计（研究生）及儿童少年卫生学（本科生、硕士生）课程负责人。新冠疫情暴发后，李十月成为湖北省新冠疫情防控指挥部防控专家组成员，他参加了武汉和湖北的疫情分析和疫情防控策略的讨论和文件起草工作，向湖北省政府提出建设湖北省防控系统的建议，被采纳，为政府正确判断疫情、采取恰当防控措施提供了依据。

2020年2月底，李十月主审的抗击新冠肺炎科普手册"武汉版"《新型冠状病毒性肺炎公众健康管理手册》电子图书上线。除主审图书外，李十月多次在线上、校园里做疫情科普。2020年4月2日，他在武汉大学作题为《重大传染病疫情特征与防控策略》的报告，探讨中国近几十年来的重大疫情，总结重大传染病疫情传播特点，为把握疫情发展提供了重要参考。

在同事和学生的眼中，李十月是一位勤勤恳恳、甘于奉献的"拼命三郎"，武汉大学历史资料显示，在1998年洪灾、2003年SARS暴发、2008年汶川地震、2009年甲型H1N1流感等重大事件发生后，李十月多次赶赴现场救灾。2003年SARS暴发后，李十月致力于SARS流行期间人群行为、艾滋病相关行为及干预、灾害现场的卫生防疫与疾病控制、跨文化压力等方面的研究。为找到SARS新发病传染病来源，他和中科院教授跑到云南研究蝙蝠、追踪SARS源头。2008年汶川发生大地震后第4天，李十月作为志愿者前往抗灾一线，途中曾遭遇6级以上余震，并在山体滑坡时抵达岷江边开展救援。他参与伤员的运送，开展灾后群众心理问卷调查，有的放矢地进行心理救援，全力阻止灾后疫情的暴发，在当年被四川省政府授予"四川省抗震救灾模范"的荣誉称号。2014年，为做"贫困地区儿童的营养干预的效果评价"的调研，李十月一头扎进了秦巴山区、武陵山区。

对于学生们来说，李十月既是一位严师，亦是一位"慈父"。

2012年，李十月建议几位学生参加斯里兰卡的一个国际会议。可是，几位学生家里条件不太好，李十月知道后一路小跑去银行，取钱为这几位学生垫上出国费用。对于李十月来说，这算不上什么新鲜事，南京、咸宁、云南、广东、广西……他自费带着学生外出调研，走遍了大江南北。在李十月因脑溢血住院期间，十几位学生自发组织，排班在医院照看他。直到2020年11月22日9时

50分噩耗传来,"他带走了唯一属于他的肉体和疾病,也勾起了同学们对他的无限哀思和悲痛"。

李十月走后,他的好友、武汉大学中南医院妇产科主任李家福深夜发文悲痛悼念:"他是人们尊称的老师和教授,因为他精力充沛,乐于助人。课堂上,答辩会上,他为人师表,正人君子;私谈中,同学聚餐席上,他上通天文,下通地理。俱往矣,我们今天突然失去了他!悲哉!""希望天堂没有病痛,不再折磨他!"

(来源:武汉文明网)

(三)注重家庭美德,在家庭里做一个好成员

践行以尊老爱幼、男女平等、夫妻和睦、勤俭持家、邻里互助为主要内容的家庭美德,在家庭里做一个好成员。

古人说:"天下之本在国,国之本在家。"家是最小国,国是千万家。"小家"紧系"大家",

"大家"影响"小家"。注重家庭美德做新时代家庭好成员。家,既是物质上的住所,更是精神上的港湾。

小讲堂

家庭的幸福，从哪里开始？

语言。"跟家人好好说话"，这是一件最平常的事，也是一件容易被忽视的事。只要我们静观一下自己，不难发现，我们往往会犯下一个错误：跟亲近的人说话我们最没有耐心。从心理学上来看，积极心理学的实证告诉我们，积极语言的应用对于建立良好的人际关系、提升信任和安全感都有极好的效果。

感恩。别人为你所做的一切都不是理所当然的，包括父母、爱人。人的社会错综交会，我们每个人可能都在享受他人的服务和奉献。学会感恩，我们与世界亲近且平和相处，与家人温暖相伴。

行动。如果你的爱人喜欢吃苹果，你为他削一个苹果，他一定会很开心。如果这个行为坚持了一年，他一定会很感激于你；如果坚持了十年，他一定会感受到来自于你的独特的爱。这个世界高质量的幸福感情、美好生活的体验正是活在爱的关系中。

合格家庭，应该具备什么特征？

家，是每个人心中的避风港，家庭成员是每个人心中最柔软的地方。人生路上，不管遇到什么样的困难，都想跟自己的家人诉说，想回到自己的家里，吃一吃妈妈做的饭，听一听另一半的唠叨，看一看孩子的微笑。这些会带给我们无穷的力量，让我们重新燃起对生活的激情。同样，我们也会以让我们的家人更幸福为目标，充满斗志，不断努力奋斗。每逢佳节倍思亲，在一个人从小到大的成长过程中，家庭都是他背后最坚实的依靠，最深切的思念，最离不开的地方。如果有一个幸福美满的家庭，会让我们的人生更加幸福。每个人都想要有一个温馨幸福的家，那么一个合格的家庭应该具备什么样的特征？

第一个基本特征——夫妻和睦。夫妻是组成家庭的基础，夫妻双方因爱结合，走到一起，建立了属于自己的小家庭。所以一个家庭中，对家庭气氛起决定性作用的就是夫妻关系。家庭本来就是因为爱而产生，两个人因为爱走到一起，所以如果夫妻关系和睦，家庭气氛自然就好，家庭气氛好了，家人的幸福感也就提升了。

夫妻之间应该多沟通多交流，互相尊重，互相理解，朝着共同的目标奋斗。如果夫妻之间不沟通不交流，时间久了只会让彼此越走越远，感情越来越冷淡，家庭氛围也就会出现不和谐，没有温馨的感觉，更不可能给人带来幸福感。

第二种基本特征——家庭成员分工明确。每个家庭的成员都应该清楚自己在家庭中扮演的角色，要做什么样的事情，只有家庭成员分工明确，一个家庭才不会出现问题。男女做好分工，才不会让家庭经常出现一些矛盾。作为孩子，主要任务是认真学习，听父母的话，分担家务。如果家庭成员都能找对位置，家庭的幸福指数就会越来越高。每个人都应该做自己应该做的事情，都需要为这个家庭的和谐贡献一份自己的力量，只有这样家庭才能被经营得有声有色。

第三个基本特征——团结同心。一个家庭就像是一个圆,每个家庭成员都应该向圆心靠拢,以家庭为重,每个人都应该认真考虑如何让这个家庭变得更好,这样的家庭才会越来越有凝聚力,越来越温馨。家庭的凝聚力强了,才不会支离破碎。如果这个家庭的成员各怀心事,比如男人总是想在外面拈花惹草,赚的钱不拿来支持这个家庭,而是用来挥霍;女人也不顾家不爱家,那么这个家庭就失去凝聚力,变得风雨飘摇。孩子如果和父母不团结,不喜欢跟父母在一起,等孩子长大了自然也会飞到外面的世界去,不会想着要常回家看看。这样,整个家庭就没有凝聚力,家庭关系就会越来越疏远。最后,整个家庭可能会四分五裂,失去亲情,不再幸福。

家庭是每个人赖以生存的基础,如果有一个幸福的家庭,自己就会更有心思在外认真打拼,没有后顾之忧;如果一个人的家庭不和谐,家庭成员就会感到非常迷茫,感觉人生没有支撑,没有归属感,没有幸福感,心理变得脆弱;如果夫妻关系不好，家庭气氛不好，孩子就没有一个良好的成长环境，长大了也会不容易获得幸福。

 小故事

呼和浩特市孝老爱亲道德模范冯俊英是中国航天科工集团第六研究院601所的一名退休职工，她是家中长女，数十年如一日，精心照顾父母亲和因病卧床不起的妹妹。因为忙于照顾父亲和妹妹，冯俊英始终无暇顾及自己的感情，一直孑然一身，但她却无怨无悔。冯俊英给自己起名"千斤顶"，意思是说她用一个女人柔弱的臂膀，支撑起千斤重的家庭重担。她常说："只要一家人能够幸福地生活在一起，付出再多的辛苦和汗水都是值得的。" 2018年，冯俊英被评为"内蒙古好人"和第七届"最美青城人"。

（来源：内蒙古新闻网）

（四）提高个人品德，在日常生活中养成好品行

践行以爱国奉献、明礼遵规、勤劳善良、宽厚正直、自强自律为主要内容的个人品德，在日常生活中养成好品行。

中华民族历来重视个人品德修养，一直强调"修、齐、治、平"传统。社会主义核心价值观从个人层面提出"爱国、敬业、诚信、友善"，要求弘扬个人品德、磨砺个体品行。个人品德是公民个人在修养身心、规范举止方面的道德依循，与社会公德、职业道德、家庭美德形成了由全体到个体、由外在到身心的完整道德链条。"美德好比宝石，它在朴素的背景衬托下反而更加美丽。"高尚的个人品德修养，足以让一个人终身受益。

注重品德修养，首要在于发挥个人主观能动性，发乎真心地讲道德、尊道德、守道德，从我做起、从现在做起、从小事做起。有人说得好："一

个人做了这样或那样一件合乎伦理的事，还不能说他是有德的，只有当这种行为方式成为他性格中的固定要素时，才可以说他是有德的。"这提醒人们，锤炼个人品德，必须时时处处地提升，坚持不懈地发力。一两件事上挺身而出见义勇为值得点赞，一辈子崇德向善、践行道义更值得敬佩。让个人品德积累于一点一滴中，绵绵用力、久久为功，善行义举必将蔚然成风。

自律之外的他律也是文明养成之道。一个社会整体文明素养的演进，往往都是依法治理、持续管理的结果。"醉驾入刑"，让"开车不喝酒，喝酒不开车"蔚然成风；立法强制垃圾分类，让节约资源渐成文明时尚；以法治破解高铁"霸座"，让无赖行径受到严惩……好品行、好风尚，既需要个体主动作为，也需要榜样引领示范，还需要法律法规的强力托底。法律是成文的道德，道德是内心的法律。发挥法治对道德建设的保障和促进作用，把道德导向贯穿法治建设全过程，方能以法治的力量维护道德、凝聚人心，推动全民道德素质和社会文明程度达到新高度。

"道不可坐论，德不能空谈。"道德建设能否成风化人，有赖于多做细致入微的实功，不务大而空泛的虚名。每一个小我点亮一盏明德惟馨的心灯，簇起一团崇德向善之火，成就以德兴国的中国力量，必能为中国特色社会主义事业提供源源不断的精神动力和道德滋养。

(来源：《人民日报》2019年11月1日)

 小讲堂

公民个人品德的基本要求：为人正直、对人友善、诚实守信、待人宽容、自立自强。

个人基本道德规范：爱国守法、明礼诚信、团结友善、勤俭自强、敬业奉献。

个人基本社会公德：文明礼貌、助人为乐、爱护公物、保护环境、遵纪守法。

个人与自己：自尊自爱、自立自强、自省自律、豁达人生。

个人与家庭：和美家庭、孝敬父母、恩爱夫妻、教养子女。

个人与他人：友爱互助、礼貌待人、与人为善、诚实守信。

个人与社会：爱国奉献、维护公德、遵纪守法、敬业乐业。

个人与自然：爱护自然、节约资源。

第二章
遵守文明行为基本规范

公民应当爱国、敬业、诚信、友善，积极参与社会公德、职业道德、家庭美德、个人品德建设，遵守市民公约、村规民约等文明行为规范。

（一）文明"十不"

（1）不随地吐痰、说脏话粗话；

（2）不乱倒乱扔废弃物；

（3）不乱贴乱画；

（4）不乱停乱放车辆；

（5）不乱搭乱盖；

（6）不损坏公共设施；

（7）不损害花草树木；

（8）不在公共场所吸烟；

（9）不从楼上、车窗抛物；

（10）娱乐、装修不扰邻。

 小讲堂

文明吐痰：平时要养成带纸巾的好习惯，要吐痰时，可以拿出纸巾然后面向墙壁或背对人群吐出，包好扔进垃圾桶，吐痰时尽量不要发出响亮不雅的声音。

谈吐举止文明：态度诚恳、亲切。声音大小适宜，语调平和沉稳。尊重他人。使用敬语。如日常使用的"请""谢谢""对不起"，第二人称中的"您"字等。初次见面时说"久仰"，很久不见应称"久违"，请人批评要说"指教"，麻烦别人时应说"打扰"，求给方便时说"借光"，托人办事时应说"拜托"等。

仪态举止文明：交谈时，双方要互相正视、互相倾听，不能东张西望、看书看报、面带倦容、哈欠连天。

站立时，身体应与地面垂直，重心放在两个前脚掌上，挺胸，收腹，抬头，双肩放松，双臂自然下垂或在身体前交叉，眼睛平视，面带笑容，不歪脖、斜腰、屈腿等。在一些正式场合不宜将手插在裤兜里或交叉在胸前，更不要下意识地做些小动作，那样不但显得拘谨，给人缺乏自信的感觉，而且也有失仪态的庄重。

坐下时，应该腰背挺直，肩放松。女性应两膝并拢；男性膝部可分开一些，但不要过大，一般不超过肩宽。双手自然放在膝盖上或椅子扶手上。在正式场合，入座时要轻柔和缓，起座时要端庄稳重，不可猛起猛坐，弄得桌椅发出刺耳响声，造成尴尬气氛。不论何种坐姿，上身都要保持端正，如古人所言的"坐如钟"。

小讲堂

公共场所吸烟的五大危害

（1）易引发火灾。一支香烟通常燃烧时间在10分钟左右，被随意丢弃的烟头如果接近易燃物品极易引发火灾。

（2）污染公共场所的空气。烟草燃烧时所释放的烟雾中含有3800多种已知的化学物质，绝大部分对人体有害。

（3）被动吸烟的危害。在通风条件极差的环境下，暴露在充满烟草烟雾的房间内仅一小时，被动吸烟者血液中碳氧血红蛋白从平均1.6%升至2.6%，大致相当于吸一支焦油含量中等的卷烟，而被动吸烟吸入的烟雾中含有多种有毒物质和致癌物。

（4）易被未成年人效仿。当前，我国青少年，尤其是中小学生吸烟群体扩大化、低龄化形势已呈明显上升趋势，究其原因，这与社会重视度不够，负面文化娱乐场所、不良信息的蔓延和家庭环境教育缺陷有着密切联系。

（5）影响了整个群体的文明形象。在公共场所吸烟，不仅是一种缺乏修养的体现，也是一种没有道德观念的反映。吸烟者在大庭广众之下，旁若无人地吞云吐雾，不考虑他人的健康和烦恼，是一种极不文明的坏习惯。而公共场所吸烟尽管是一小部分人存在的陋习，却会影响整个群体的文明形象。

高空抛物

2020年某日，徐某某（家住三楼）与王某某因言语不和发生争执，徐某某一时激愤，从厨房拿出一把菜刀，王某某见状上前夺刀未果，徐某某将菜刀抛掷至楼下公共租赁房附近。楼下居民发觉后向楼上质问，徐某某听到质问声后，又去厨房拿第二把菜刀，王某某再次上前夺刀未果，徐某某又将第二把菜刀抛掷至楼下公共租赁房附近,楼下居民见状报警。法院经审理后认为,被告人徐某某高空抛物行为虽未造成人身伤害或重大财产损失的严重后果,其从建筑物抛掷物品行为已经构成高空抛物罪,依照《中华人民共和国刑法》判决被告人徐某某犯高空抛物罪,判处有期徒刑6个月,并处罚金2000元。

★法律知识★

《中华人民共和国刑法》第291条之二第一款规定:从建筑物或者其他高空抛掷物品,情节严重的,处一年以下有期徒刑、拘役或者管制,并处或者单处罚金。

（二）文明"十要"

（1）公交车上要为老弱病残孕让座；

（2）出入电梯要先下后上；

（3）接打电话要礼貌；

（4）遇人问路要友善；

（5）斑马线前要礼让行人；

（6）用餐宴请要节俭；

（7）上网要守法守规；

（8）遛狗要牵绳；

（9）停车要规范；

（10）要爱护共享单车。

（三）遵守公序公德

（1）升国旗、唱国歌和祭奠烈士时应当庄严肃穆；

（2）观看体育比赛、文艺演出时，服从现场管理，遵守场馆秩序，爱护场馆设施；

（3）组织广场舞、露天表演及其他文体娱乐活动时，合理选择时间、场地，不得产生超过规定排放标准的噪声干扰他人工作、学习、生活；

（4）等候服务依次排队，上下楼梯靠右通行；

（5）不在禁止吸烟的场所吸烟；

（6）不在建筑物和其他户外设施上违法张贴、涂写、刻画；

（7）不擅自在城市道路、公园、广场、住宅小区等场所散发商业广告；

（8）不从建筑物、构筑物向外抛掷物品，影响环境卫生和公共安全；

（9）不擅自设置停车障碍，私占公共停车位；

（10）不大声喧哗、争吵谩骂、使用低俗语言；

（11）不乱扔果皮、包装物、纸屑、烟蒂、口香糖等废弃物；

（12）不攀爬或者跨越围墙、栅栏、绿篱等设施。

 小讲堂

升国旗时应注意什么礼仪？

（1）提早到场，衣着整洁、端庄。

（2）身体直立，挺胸昂首，双手下垂靠拢在身体两侧，保持立正姿势。

（3）升降国旗时，要立正，不讲话，严肃注目，不窃窃私语。

（4）唱国歌时要严肃，声音要洪亮。

（5）升旗时所有在场人员都要肃立、端正。走动或经过现场的人员都应停步，面对国旗，自觉肃立，眼睛始终望着国旗，目光追随着冉冉升起的国旗，待升国旗完毕后，再走动。

公共场所排队应注意什么？

（1）自觉排队。排队的时候，要保持耐心，不要起哄、拥挤或破坏排队环境。

（2）遵守顺序。按照先来后到依次而行。排队时，一定要遵守并维护这一秩序，不让自己的熟人插队。

（3）保持适当间隔。排队时，应缓步而行，人与人之间最好保持0.5米左右的间隔，不能前胸贴后背。

（4）不横穿排好的队伍，实在出现了不得已的特殊情况时，请做好解释说明，征求他人同意。

（5）排队时，尽量不要低头看手机或交头接耳，影响他人的前进速度。

（四）文明出行

（1）车辆、行人各行其道。

（2）机动车在斑马线前应减速停车、礼让行人。

（3）驾车乘车切勿车窗抛物。

（4）在交通站点遵守秩序，排队候车，依次上下车。

（5）过马路时，不闯红灯，不乱穿马路，不翻越隔离栏，不嬉戏，不低头看手机，遇礼让车辆应快速安全通过。

（6）机动车在医院、学校、居住（办公）区等噪声敏感区域和敏感时段不鸣喇叭。

（7）驾驶机动车和非机动车不占用盲道、人行道、健走道和消防、医疗急救等公共通道。

（8）停放机动车和非机动车规范有序，服从管理，不妨碍其他车辆、行人通行。

（9）驾驶机动车通过积水路段时，应减速慢行，防止积水溅起妨碍他人。

（10）驾驶助力车、自行车等非机动车时，按交通信号灯指示通行，不违反规定进入机动车道、人行道行驶，不双手离把或者手中持物，不违反规定载人、载物，不逆向、超速行驶。

（11）不在车道内实施兜售、发送物品等妨碍交通安全的行为。

（12）乘坐公共交通工具时，不干扰驾驶员安全行车，不抢占座位，主动为老幼病残孕乘客让座。

（13）乘坐地铁、电梯时要握扶手，配合安检，乘车有秩序；牢记禁烟，举止守礼仪，凭票进出站，诚信记心底，站立不霸杆，人多不堵门；入座不跷腿，主动让他人，车厢勿饮食，乞讨请说不；按钮别乱触，危急听指挥；言谈轻声语，手机莫扰人；劝阻要得体，礼让行善举；文明乘地铁，你我齐践行。

（14）骑乘共享单车讲文明，不损坏不乱停；按要求归位停，出入畅通行。

（15）在公共交通工具内控制手机及其他电子设备音量。

 小讲堂

文明乘公交车注意事项

（1）要在指定地点候车，等车停稳后再按先后顺序上车。

（2）相互拥挤既耽误了大家的时间，又容易造成一些不愉快的事情，甚至有可能发生意外伤害事件。

（3）主动让座。①遇到老弱病残孕要礼貌地把座位让给他们；②人多时，车厢内的爱心

座位尽量不随意占用，让给有需要的人；③当他人给你让座时，要记得表示感谢。

（4）不打闹喧哗。①车辆行驶时，无论站立还是坐在座位上都应该举止大方，不能将头和手伸出窗外，也不应该在车厢内打闹、喧哗；②要坐好或站稳，抓住扶手，防止紧急刹车时摔倒；③在拥挤情况下应懂得相互礼让；④与恋人或配偶一同乘车时，举止不宜过于亲密。

（5）不占座。①上车后应将随身所带物品放到合适位置，不要把它放在座位上或挡在过道里；②自己坐好后，把物品放到腿上，或自己的脚下，如果不小心碰到他人，要真诚致歉；③雨雪天，上车时应把雨伞折拢，雨衣脱下叠好。

（6）爱护车厢环境卫生。①戴好口罩；②自觉保持车站、车厢的卫生环境，不在车站和车厢内吸烟、吐痰、乱丢废弃物，不向窗外扔垃圾；③不坐扶手、发动机盖、窗沿等处；④爱护公共设施，不乱写乱画，不踩踏座椅。

（7）不携带违禁物品。①不带易燃易爆和危险品上车；②当车厢过道比较拥挤时，要把自己的背包尽量放到胸前，以免物品丢失，发现失窃时应立即通知驾乘人员或报警；③遇到危急情况，应服从驾乘人员安排，及时疏散，不私自开启车门；④不携带未经包装的刀具、玻璃等，以及家禽和其他暴露的腥臭物品；⑤不携带未受约束的可能危及他人的宠物。

（8）着装应整齐。尽管公交车上没有严格的着装要求，但公交车也是公共场合，在衣着方面依然应该注意，不可坦露太多，上下身衣着都应相对整齐。

（五）文明旅游

（1）文明是最美的风景，旅途漫漫文明相伴。

（2）一花一木皆是景，一言一行要文明。

（3）尊重当地历史文化风貌、风俗习惯、文化传统和宗教信仰。

（4）服从景区景点管理规定，爱护景区景点公共设施。

（5）排队购票，有序观光，不逃票。

（6）保护英雄烈士纪念设施，不在英雄烈士纪念设施保护范围内从事有损纪念英雄烈士环境和氛围的活动。

（7）爱护文物古迹，不在文物古迹上刻划、涂画、张贴，不攀爬、触摸文物，拍照摄像遵守规定。

（8）不惊吓景区景点内的动物，不违反规定向动物投喂食物。

（9）出游讲礼仪，入乡要随俗；垃圾不乱扔，举止显文明。

（10）出境旅游重礼仪、重形象；不喧哗吵闹，尊重服务人员，尊重各国宗教习俗；健康娱乐，拒绝黄赌毒；遇有疑难，及时联系领事馆。

小讲堂

2016年5月，国家旅游局出台《国家旅游局关于旅游不文明行为记录管理暂行办法》，明确将中国游客在境内外旅游过程中发生的因违反境内外法律法规、公序良俗，造成严重社会不良影响的行为，纳入"旅游不文明行为记录"。

主要包括：

（1）扰乱航空器、车船或者其他公共交通工具秩序；

（2）破坏公共环境卫生、公共设施；

（3）违反旅游目的地社会风俗、民族生活习惯；

（4）损毁、破坏旅游目的地文物古迹；

（5）参与赌博、色情、涉毒活动；

（6）不顾劝阻、警示从事危及自身及他人人身财产安全的活动；

（7）破坏生态环境，违反野生动植物保护规定；

（8）违反旅游场所规定，严重扰乱旅游秩序；

（9）国务院旅游主管部门认定的造成严重社会不良影响的其他行为。

小案例 1

2015年1月10日凌晨，周某在由昆明飞往北京的航班上，强行打开飞机 41L、42L 座位旁两道应急舱门，警方根据《中华人民共和国治安管理处罚法》的规定，对他的违法行为予以治安拘留 15 日处罚，并将其列入"游客不文明行为记录"，信息保存期限为 2015 年 3 月 24 日至 2017 年 3 月 23 日。

小案例 2

陕西延安青年李某某因在旅游过程中攀爬红军雕像，被列入"游客不文明行为记录"。且该不良记录保留期限为 10 年。

（六）文明用餐

文明餐桌，提倡勤俭用餐、爱惜粮食，不剩饭菜、理性消费，提倡饭前厕后洗手、卫生用餐，提倡用公筷公勺，不在用餐场所吵闹。

文明节俭用餐

（1）节俭惜福，传承美德。餐桌文明是社会文明的缩影，是城市文明的重要窗口。"谁知盘中餐，粒粒皆辛苦。""一粥一饭，当思来之不易；半丝半缕，恒念物力维艰。"小餐桌大文明，勤俭节约是中华民族的传统美德，更是一种现代文明。市民应树立"浪费可耻，节约为荣"的理念，杜绝餐桌上的铺张、舌尖上的浪费。

（2）厉行节约，杜绝浪费。自觉将厉行节约纳入餐饮生产、加工、服务的全过程，店内醒目位置悬挂宣传画，包间、大厅的每张餐桌上摆放提示牌。市民主动摒弃"爱面子、讲排场"的陋习，做到"不剩饭、不剩菜"，剩下的饭菜打包带走，人走桌清；餐饮企业主动推出小份菜、半份菜，争做"厉行节约、反对浪费"的宣传者、实践者、监督者。

（3）讲究礼仪，文明用餐。外出就餐时，自觉践行餐桌文明，弘扬中华民族勤俭节约的传统美德，不肆意喧哗，自觉遵守公共道德规范。各餐饮服务单位引导消费者养成健康用餐、科学用餐、理性消费的良好习惯，公勺公筷摆上桌，摒弃饮食陋习，主动使用公勺公筷，推广分餐制，倡导文明健康的生活方式，养成良好的用餐习惯。

（4）机关团体率先示范。党政机关、企事业单位、大中小学校、社会团体等单位食堂，走在前，做好表率，自觉把勤俭节约、艰苦奋斗的理念内化于心、外化于行，从现在做起，从自身做起，自觉践行"光盘行动"，以良好的机关作风引领社会风尚，建设让党中央放心、让人民群众满意的模范机关。

（5）珍惜粮食从己做起。公民个人要争做厉行节约、拒绝浪费的践行者，传播新理念，营造新风尚，努力营造爱惜粮食、节约用餐的良好社会氛围，将厉行节俭的价值观潜移默化地传递到社会的方方面面，融入每一个家庭。

 **小讲堂**

2021年4月29日,十三届全国人大常委会第二十八次会议表决通过了《中华人民共和国反食品浪费法》。

很多时候,食品浪费是令人触目惊心的。在宴席浪费等"传统型浪费"继续存在的情况下,外卖浪费、"吃播"浪费现象又成了新的例子。食品浪费正在消耗着家庭成本和一个社会的财富。中科院曾有调查数据显示:我国餐饮业人均食物浪费量为每人每餐93克,浪费率为11.7%;而大型聚会浪费率高达38%。联合国粮食及农业组织数据显示,2021年,全世界多达8.28亿人面临饥饿,饥饿人口主要分布在非洲、亚洲、拉丁美洲及加勒比地区。2022年,45个国家和地区总计约2.05亿人处于"危机"级别或更严重级别的粮食不安全,人数较2021年大幅增长。无论是未雨绸缪呵护粮食安全,还是向"舌尖上的浪费"说不,抢回被浪费的食物,都应该成为一种自觉与一种道义。

（七）共建文明社区

（1）邻里之间团结友爱，互相帮助，文明处理矛盾纠纷。

（2）不私接管线，不乱搭乱建，不损坏共用设施设备。

（3）不在住宅小区楼道等业主共有区域堆放物品，不占用公共绿地，不在公共区域饲养家禽和家畜。

（4）不堵塞他人车库，不占用他人停车位。

（5）不在室外摆放、悬挂有碍观瞻或者危害公共安全的物品。

（6）装修作业，使用电器、乐器或者进行其他娱乐、体育锻炼等活动时，尽量不干扰周边居民的正常生活。

（7）不在建筑内的公用走道、楼梯间、安全出口等非指定区域停放电动车和为电动车充电，注意用电和防火安全。

 小讲堂

怎样做个"中国好邻居"?

(1)对邻居要以礼相待,见面时主动打招呼。

(2)邻里之间应互相关照,有事互相帮忙。

(3)如果因自己的不慎给邻居造成损害或不便,应主动承担责任。

(4)假如是邻居的责任则应包容和理解,不争吵,尽可能和平解决。

(5)平时要注意公共区域的卫生,整理自己的门前时顺手清理邻居门前也不会花太多时间。

小区公共区域包括哪些?

小区的公共区域一般是小区活动的部分,主要有道路、绿化带、电梯、配电房等,其中小区内的部分公共区域的收益也是归小区业主所有。《中华人民共和国物权法》规定,小区内的道路、

绿地、其他公共场所、公用设施和物业服务用房均属于业主共有。还包括小区的排水系统、配电房、天然气管道、小区出入口、路灯、沟渠、围墙、电梯、水箱等。

物业公共区域包括哪些？

（1）共用部分：一般包括建筑物的基础、承重墙体、柱、梁、楼板、屋顶以及外墙、门厅、楼梯间、走廊、楼道、扶手、护栏、电梯井道、架空层、设备间等。

（2）共用设备：一般包括电梯、水泵、水箱、避雷设施、消防设备、楼道灯、电视天线、发电机、变配电设备、给排水管线、电线、供暖及空调设备等。

（3）共用设施：一般包括道路、绿地、人造景观、围墙、大门、信报箱、宣传栏、路灯、排水沟、渠、池、污水井、化粪池、垃圾容器、污水处理设施、机动车（非机动车）停车设施、休闲娱乐设施、消防设施、安防监控设施、人防设施、垃圾转运设

第二章　遵守文明行为基本规范

47

施及物业服务用房等。

小区的收益有哪些？

其实我们买的商品房都存在公摊面积，公摊面积就是指公共部分，实际上是我们花钱购买的，所以小区的公共部分的收益，当然要归业主共有。小区道路、绿地或者其他场所停放车辆的车位收益、租赁摊位的租金、入场费和场地费的收益以及电梯间广告、楼道广告、户外广告等收益。《中华人民共和国民法典》第282条中规定：建设单位、物业服务企业或者其他管理人等利用业主的共有部分产生的收入，在扣除合理成本之后，属于业主共有。也就是说《中华人民共和国民法典》明确规定：利用小区业主共有场所产生的收入属于业主共有。同时，第283条规定：建筑物及其附属设施的费用分摊、收益分配等事项，有约定的，按照约定；没有约定或者约定不明确的，按照业主专有部分面积所占比例确定。

（八）共建文明家庭

（1）弘扬孝德文化，尊敬长辈，赡养老人；

（2）夫妻和睦，男女平等，相互扶持，勤俭持家；

（3）关爱未成年人健康成长，培育文明行为习惯，传承优良家风家训。

 小讲堂

文明家庭特征

爱国守法，遵德守礼，平等和谐，敬业诚信；
家教良好，家风淳朴，绿色节俭，热心公益；
以德治家，以学兴家，文明立家，忠厚传家；
积极参与爱国卫生运动，带头践行文明健康、绿色环保的生活方式；
维护公共卫生，爱护公共环境，树立文明交

通意识,带头依法守规,安全出行;

遵守社会公共秩序,养成良好行为习惯,勤俭节约,文明餐饮,适度消费;

婚丧嫁娶操办从简,不铺张浪费,推动移风易俗。

 小故事

全国文明家庭:张春燕家庭

张春燕是呼和浩特市第27中一名数学教师,她的丈夫李俊是一名军人。军人家庭意味着更多的奉献和付出。2006年的一天,每半月轮休两天、赶上大任务和特殊情况一两个月也见不着人影的李俊早早回到家干起了家务,这让张春燕忐忑不已,因为她知道,每遇这种情形就意味着爱人又有新任务了。可她没想到的是,这次,李俊是要远赴非洲利比里亚执行国际维和任务。在爱人执行维和任务期间,张春燕主动承担起照顾孩子和双方老人的重任,虽然累但很满足,那时她最担心的是爱人的安危。2006年至2016年期间，李俊先后4次历时34个月代表国家和部队赴非洲利比里亚执行国际维和任务。面对环境艰苦、局势动荡、疫情肆虐等诸多困难，他带领战士们安全行车350余万公里，运送各类物资50余万吨，4次被授予联合国和平荣誉勋章，圆满完成联合国赋予的任务，受到了各界的广泛赞誉，为祖国和人民赢得了荣誉。

张春燕照料家庭的同时勤奋工作，她爱校如家、爱学生如子，在班主任岗位上一干就是16年，她所带班级多次被评为市级先进班集体，个人还荣获全区"敬业奉献道德模范"提名奖，被自治区妇联、内蒙古军区联合授予"战士喜爱的兵妈妈"荣誉称号。

李俊、张春燕夫妻在工作中互勉共进，在生活中相互照顾。受父母影响，张春燕的女儿从小乐于助人，6岁就参加了"爱心妈妈张莲云"等多个公益组织，每年都与呼和浩特市爱心妈妈张莲云收养的孩子们结对子献爱心。他们一家人用实际行动践行着社会主义核心价值观，弘扬着社会主义道德风尚，为社会主义精神文明建设发挥着光和热。在2020年11月20日召开的全国精神文明建设表彰大会上，张春燕家庭荣获"第二届全国文明家庭"称号。

（来源：《呼和浩特日报》2020年5月13日，有删改）

（九）文明养犬

（1）按规定到指定机构申办登记证，注射疫苗；

（2）携犬出户时由成年人用束犬链牵领，为允许饲养的大型犬、烈性犬佩戴嘴套，主动避让他人；

（3）及时清理犬只粪便、制止犬吠，避免扰民；

（4）不携带犬只（导盲犬、搜救犬等工作犬除外）乘坐公共交通工具、进入人员密集公共场所；

（5）不虐待、丢弃犬只。

 小讲堂

涉养犬相关法律规定

《中华人民共和国侵权责任法》第78条规定：饲养的动物造成他人损害的，动物饲养人或者管理人应当承担侵权责任，但能够证明损害是因被侵权人故意或重大过失造成的，可以不承担或者减轻责任。

《中华人民共和国侵权责任法》第80条规定：禁止饲养的烈性犬等危险动物造成他人损害的，动物饲养人或者管理人应当承担侵权责任。

《中华人民共和国治安管理处罚法》第75条规定：驱使动物伤害他人的，处5日以上10日以下拘留，并处200元以上500元以下罚款；情节较轻的，处5日以下拘留或500元以下罚款。

 小案例

烈犬伤人

2019年6月的某天,公司会计苗女士听到楼下草坪有争吵声,便下楼查看原委,不料被邵某牵引的大型犬只德国黑背咬伤左大腿,造成严重的伤势。苗女士当天便接种了狂犬病疫苗和狂犬病人免疫球蛋白,同时因为左大腿软组织挫裂伤被要求住院,共计16天。因邵某不愿意承担苗女士医疗费、精神损害抚慰金等,苗女士将邵某告上了法庭。

法庭上,苗女士称邵某未牵狗绳,且系故意放狗咬她,面对苗女士的诉讼请求,邵某表示其始终牵引着狗绳,苗女士是因为自以为与狗熟悉,故意拍了狗的头部才导致被咬伤,苗女士自身存在过错,应自行承担责任。

根据《中华人民共和国侵权责任法》的相关规定,禁止饲养的烈性犬等危险动物造成他人损

害的,动物的饲养人或管理人对受害人承担无过错责任。即若饲养人饲养的是国家禁止饲养的烈性动物,比如藏獒、德国牧羊犬、阿根廷杜高狗等,不管是何种原因造成的损害,动物的饲养人都要承担责任。最终,法院依法判处邵某负担苗女士医疗费、交通费、精神损害抚慰金等共计12000余元。后邵某上诉后又撤回上诉。

(十)文明上网用网

(1)自觉遵纪守法,倡导社会公德。提倡绿色健康上网,不制作、不浏览色情、暴力、不健康的网站网页;不泄露党和国家机密,或传送有损国格、人格的信息。

(2)提倡互相尊重,摒弃造谣诽谤。不捏造或歪曲事实,不散布谣言、诽谤他人、扰乱社会秩序的不良信息,做到不造谣、不信谣、不传谣;不接收和散布封建迷信、淫秽、色情、赌博、暴力、凶杀、恐怖等有害信息。

（3）维护网络安全，不破坏网络秩序；不非法入侵他人计算机系统，不阅读他人文件或电子邮件，不滥用网络资源，合理保护自己和他人隐私；不制造和传播计算机病毒等破坏性程序。

（4）理性分析、看待网络信息，增强甄别和防范意识，弘扬社会正能量。

（5）合理安排上网时间，不沉溺于虚拟时空、网络游戏。

（6）关注青少年健康成长，倡导营造健康绿色上网氛围。

小案例 1

2015年11月12日晚，两名男子在包头市昆都仑区酒后"发飙"，挥舞着从公交车上强掰下来的雨刷器，打砸了3辆公交车、2辆私家车，所幸没有造成人员伤亡。这原本只是一件普通的案件，却在微信朋友圈中被传出了多个谣言版本："昆北路发生暴恐事件""死伤百余人""黑社会杀人"……这些虚假信息的出现和迅速散播，结合混乱不堪、难以辨识的现场图片及视频,让真相扑朔迷离。事发当晚 11 时许,包头市昆都仑区公安分局在官方微博上发布了这起案件的初步调查结果及辟谣信息。由此,这场网络谣言风波因为真相的及时公布,最终在当天晚上得到平息。随后,谣言的源头被查出。

2015 年 11 月 17 日,宿某某因在此案中涉嫌网络造谣被昆都仑区公安分局刑事拘留,涉嫌传播谣言的 4 名女子被行政处罚。

小案例 2

2020 年 1 月 28 日,薛某某在微信朋友圈散布"现有一男子,确诊新型冠状病毒,从武汉医院治疗期间偷跑回山西省运城市稷山县,请各位同胞为了自己和家人的健康,如有认识的,遇到的,请及时联系当地医院及公安部门,谢谢大家的配合"的信息,造成一定范围内的群众恐慌。经查证,薛某某发布的信息系谣言,山西运城警方已依法对违法行为人薛某某予以行政处罚。

小案例3

严惩发布诋毁卫国戍边烈士言论者

2021年2月19日上午,名为"辣笔小球"的微博博主针对卫国戍边牺牲烈士,发布多条带有侮辱性语言的言论。之后,大量网友留言,批评这则发言,网友称不该恶意诋毁戍边英雄官兵。在短时间内,评论数量达到上千条。2月19日下午5点,新浪微博官方将"辣笔小球"账号禁言,微博官方管理员通报称,对该账号予以禁言一年的处罚。"辣笔小球"微博账号内容随即被清空。南京市公安局于2月19日晚将发布违法言论的仇某某(网名"辣笔小球")抓获。经审查,仇某某为博取网民关注,在微博上歪曲事实、诋毁贬损5名卫国戍边英雄官兵的违法行为供认不讳。南京警方已对仇某某以涉嫌寻衅滋事罪刑事拘留。

（十一）文明就医

（1）遵守各项诊疗服务制度；
（2）尊重和配合医护人员工作；
（3）通过合法途径解决医疗纠纷；
（4）在医疗场所遵守秩序。

文明就医"十注意"

（1）文明就医　尊重隐私

相当多的人并没有意识到窥视、探听、传播他人隐私是不道德甚至是违法的事。只有我们自身学会尊他人隐私权的时候，我们自己的隐私才有可能得到他人的尊重。

（2）文明就医　井然有序

有序排队是提高就诊效率的前提。在乘坐电梯、挂号就医、缴费取药时要自觉排队。

（3）文明就医　谦虚礼让

您的身边可能有老人、孩童和孕妇，还有那些比您更需要座位的患者，如果遇到请礼让，因为一个动作、一句话语或许就能收获一片阳光。

（4）文明就医　禁止喧哗

不要大声喧哗，病患和医护人员都需要在宁静有序的环境中应对疾病。

（5）文明就医　禁止吸烟

吸烟有害健康，在医院吸烟更会影响到原本就身体不适的患者。

（6）文明就医　清洁卫生

医院内乱扔垃圾会污染环境卫生，甚至会造成病患感染。改变要从细节开始，请寻找身边的垃圾箱，精准投放，并记得洗手。

（7）文明就医　预约挂号

选择合理的时间，提高就诊效率。文明就医，从预约挂号、分时就诊开始。

（8）文明就医　禁带宠物

宠物扰人或随处大小便，会严重影响就医环境和病患安全。

(9)文明就医 静音手机

看病时记得把手机调至静音,不接听电话。因为一方面会影响医生问诊,另一方面也会影响后面患者看诊的时间。

 小讲堂

2020年6月1日实施的《中华人民共和国基本医疗卫生与健康促进法》针对"医闹"事件屡禁不止做出明确规定:全社会应当关心、尊重医疗卫生人员,维护良好安全的医疗卫生服务秩序,共同构建和谐医患关系。医疗卫生人员的人身安全、人格尊严不受侵犯,其合法权益受法律保护。禁止任何组织和个人威胁、危害医疗卫生人员人身安全,侵犯医疗卫生人员人格尊严。

2019年12月24日,北京民航总医院急诊科杨文副主任医师在正常诊疗中,遭到患者家属的恶性伤害,致颈部严重损伤。虽经全力救治,杨文医生终因伤势过重于25日去世。12月27日,北京市人民检察院第三分院经依法审查,对在北京市朝阳区民航总医院急诊科抢救室内行凶的犯罪嫌疑人孙某某，以涉嫌故意杀人罪批准逮捕。

（十二）处理垃圾要分类

垃圾分类开头难，养成习惯成自然。
生活垃圾要分离，废纸塑料碎玻璃，
金属布料回收起，厨余垃圾别丢弃，
有机肥料需要你，有毒有害废垃圾，
分门别类要注意，垃圾分类有意义，
举手之劳一小善，人与环境永和谐。

小讲堂

可回收物：主要包括废纸、塑料、玻璃、金属和布料五大类。

厨余垃圾：包括剩菜剩饭、骨头、菜根菜叶果皮等食品类废物。经生物技术就地处理堆肥，每吨可生产 0.6~0.7 吨有机肥料。

有害垃圾：含有对人体健康有害的重金属、有毒物质或者对环境造成现实危害或者潜在危害的废弃物。包括电池、荧光灯管、灯泡、水银温度计、油漆桶、部分家电、过期药品及其容器、过期化

妆品等。这些垃圾一般使用单独回收或填埋处理。

其他垃圾：包括除上述几类垃圾之外的砖瓦陶瓷、渣土、卫生间废纸、纸巾等难以回收的废弃物及食品袋(盒)。采取卫生填埋可有效减少对地下水、地表水、土壤及空气的污染。

（十三）讲卫生　防疫病

讲卫生人人受益，防疫情人人有责；
佩戴口罩勤洗手，社交距离要适宜；
喷嚏咳嗽遮口鼻，随地吐痰不可取；
门窗常开勤通风，整洁环境是主题；
控制油盐少疾病，合理膳食强免疫；
坚持锻炼控体重，起居作息要规律；
乐观开朗常微笑，家邻和谐笑嘻嘻。

第二章 遵守文明行为基本规范

 小讲堂

好习惯要长坚守

良好的习惯可以陪伴你的生活，让你和你的家人远离疾病，生活顺心，所以人们应长期坚守一些生活中的好习惯。

一、出门回家要洗手，做好个人防护

出门回家后要洗手，这个从小就被父母和老师教育的习惯，在我们成年之后很多人仿佛已经忘记。但这次疫情中，伴随着无数专家院士的告诫和提醒，回家先洗手，终于成为我们生活中恪守的习惯。就连医务人员操作前的"七步洗手法"都成为网上的热搜词——洗手。

二、生活中养成好习惯

一是生活物品专人专用。餐具（碗筷勺等）、水杯、牙刷（杯）、毛巾、被子等生活用品须一人一套，各自专用，明显区分；需要时，可定期对用品进行消毒。

二是洁污区分。物品定点放置，严格区分清洁与污染，确保清洁区不被污染，提高污染防范意识。如口袋分洁污，抹布分区专用，左右手分洁污，房间分洁污等。各类物品固定地方晾干，相互之间尽量不碰到。

三是定期清洁。保持干燥。冰箱、洗衣机、微波炉、碗柜、冰箱、烧水壶、洗菜篮、抹布、拖把、扫帚等用品都是日常频繁使用的物品，若是不能定期清洁，就会成为微生物繁殖的"基地"。微生物特别喜欢有机物多和潮湿的地方，因此定期清洁和保持干燥就很重要了。

四是清洁要点。需重点擦拭污渍和积水，还有手经常触摸的位置；清扫时，按照先清洁再污染，先上后下的顺序进行；日常清洁（如擦灰）用湿毛巾，因为细菌容易附着在灰尘上，干毛巾容易扬尘；开关上部、踢脚线上部、床栏上部会集聚大量灰尘，不要遗漏。

三、这些坏习惯，要赶紧戒掉

一是避免用可能污染的手或物品直接接触眼、口、鼻等，如挖鼻孔、揉眼睛、咬手指、用指尖推眼镜、用牙齿咬铅笔等,如确有需要,可以洗干净手或用纸巾。

二是吐痰、擤鼻涕、咳嗽、打喷嚏时用纸巾包裹或擦拭,不要污染周围环境。手被污染后,应立即洗手或手消毒。如来不及用纸巾,尽量用肘遮挡。

四、建立"家庭常备医疗库"

在平常生活中,应建立一个"家庭常备医疗库",从药品到消毒器具一应俱全,可以帮你应对日常生活中经常遇到的小划伤、小感冒或者其他小状况;借助家庭医疗仪器和定期自测的习惯,还能时刻把控自己身体的健康状况,预防和自我诊断部分疾病。

如检测类:血糖仪、血压仪、体温计、血氧仪、体脂秤等;

如感冒药:退烧类(对乙酰氨基酚、阿司匹林、布洛芬)、止咳类(氢溴酸右美沙芬)、消炎类(对乙酰氨基酚、阿司匹林、布洛芬(这几种药既是退烧药,也是消炎药)、抗生素类(阿莫西林、左氧氟沙星、替硝唑)、抗病毒类(奥司他韦)等;

如止痛药物：布洛芬、阿司匹林、对乙酰氨基酚；

如胃药：胃部不适类（铝碳酸镁、胃仙U）、

辅助消化类（多潘立酮）、止泻类（蒙脱石散）等；

如防虫和止痒类：蚊帐、驱蚊液、止痒涂剂、炉甘石洗剂、蟑螂药、除螨仪等；

如外伤及扭伤处理类：棉签、创可贴、纱布、绷带、医用胶布、碘伏、双氧水等；

如过敏药物：氯雷他定；还有睡眠类：助眠药物（褪黑素）、睡眠耳塞等。

五、餐桌上应"多摆一双筷子"

共吃一盘菜，这或许是生活中最常见、最毫不起眼的日常。但疫情让我们警醒，这样的零距离接触，可能带来传染性疾病的聚集性传播。对于传统上倾向于合餐的国人而言，分餐不习惯、显生分、太麻烦，配备公筷公勺或许相对更简单易行，防范"病从口入"。多一双筷子，多一份健康，更不会少一分见外。

六、注重健康生活方式养成和健康管理

经历疫情，人们已经意识到，作息规律、膳食平衡、营养全面、戒烟限酒、加强运动……这些健康的生活方式应成为我们生活中的自觉行为。要养成个人健康管理习惯。如平时在银行柜台等处办理业务时倡导的"一米线"外排队等候,既是一种文明,也是对别人隐私的尊重。我们在公共场所,如医院候诊、缴费,等候公交、地铁,食堂打饭,更需要排队,保持相互之间的距离。这个距离,不仅是文明的距离,更是安全的距离。文明的养成需要久久为功,这样的距离,不是疏远和冷漠,反而体现的是一种尊重、一种分寸、一种友好,是一种对自己也对他人负责的行动自觉。

七、提倡"攒钱"储蓄的好风尚

突发的风险,考验了不少人的现金流。房贷、车贷、信用卡、花呗的催缴日期可能会迟到,但绝对不会缺席,在意外来临的时候,手头有点存款是一个人最大的安全感。在这个提倡提前消费的年代,未来的生活里别透支、别月光,钱一定要攒一点,养成储蓄的好习惯。遇到危难才明白,存款标志着一个人抗风险的能力。

八、建立守望相助的邻里关系

中国有句老话,远亲不如近邻。中国传统的邻里关系应被重塑。在疫情期间,一栋楼或一个小区一般都会建个"邻里群",拼单购买消毒液,一起"团购"蔬菜日用品等,这种新式的守望相助,是这个民族传统的延续。

(来源:《中国水运报》2020年4月10日,有删减)

(十四)积极参与志愿服务

志愿服务是社会文明进步的重要标志,也是最暖心的文明风尚。共产党员、共青团员、道德模范、身边好人、国家公务人员带头踊跃参加志愿服务活动,热心参与公益事业。主动参与,做文明内蒙古的传播者;示范引领,做文明内蒙古的维护者;遵德守礼,做文明内蒙古的践行者。

小讲堂

志愿服务
——播撒文明火种 编织美好生活

志愿服务是社会文明进步的重要标志。广大志愿者和志愿服务组织积极服务百姓民生，融入社会治理，在我国经济社会发展进程中发挥着越来越重要的作用。

文明志愿：各尽所能 各展所长

《我的祖国》《在灿烂阳光下》《不忘初心》……一曲曲红色经典音乐作品，感染着在场的观众，这是中央音乐学院举办的"音乐党课"现场。近年来，中央音乐学院的交响乐团、合唱团深入陕西延安、山西吕梁等地，用音乐宣传党的理论、传播红色文化，还从学校师生中招募志愿者常驻新时代文明实践中心担任"文艺宣讲师"，让理论传播插上艺术的翅膀。天津文艺志愿者表演方言快板、三句半，江西文艺志愿者编排采茶戏，贵州龙里文艺志愿者开展"山歌伴飞新思想"志愿服务……各地以文艺志愿服务的方式开展理论宣讲。浙江组织志愿者开展"微视频"等"微宣讲"活动，积极开展"乡音宣讲"等志愿宣讲活动。江西针对偏远山村村民居住分散状况，通过宣讲大篷车等方式，打造小型移动式宣讲阵地。福建上杭把讲台搬到凉亭、长廊、文化广场，组织志愿者讲红色故事、讲惠民政策、讲身边变化……广大志愿者们各尽所能、各展所长，让理论宣讲更具亲和力、说服力、感染力。

文明志愿：向上向善　排忧解难

在我国教育文化、法律援助、应急救助等各领域，处处可见广大志愿者的身影。

医院、患者出现紧急状况怎么办？中国医学应急志愿者总队致力于解决这个问题。2020年，中国医学应急志愿者总队队长、首都医科大学附属北京朝阳医院教授郭树彬快速组建远程会诊专家组开展疫情远程会诊，一定程度上缓解了一些基层门诊急诊诊疗压力。河北石家庄疫情发生后，一批有化验资质的志愿者积极走到一线，提高检测效率。疫情防控期间,中国青年志愿者协会发起青年志愿者"为奉献者奉献"关爱行动,在全国招募青年志愿者20.13万余名,组建1.9万余支

志愿服务团队，为 4.2 万医务人员家庭开展了生活服务、陪伴交流等专业服务。居民有了烦心事，登录北京海淀新时代文明实践中心服务管理平台，迅速联系到志愿者为自己排忧解难；居民还可以查到上百个美味食谱、数十万册电子书，丰富居家生活……海淀区利用科技手段，推动学雷锋志愿服务精准化、精细化。有困难找志愿者、有时间做志愿者。学雷锋志愿服务既解决了群众的实际困难，更促进形成了向上向善的社会风气。

文明志愿：守望相助　精准服务

在上海徐家汇乐山新村，居民自发组成小区环境志愿服务队，每天自觉轮班打扫，大家还搬来了花盆、桌椅、遮阳伞，在这里休憩、聚会，还把这里变成才艺表演的小舞台。近年来，"乐街坊党建 666"等 49 支各类志愿服务队积极行动，带动大家找准治理切入点，看到居民就坐下聊天，梳理出雨棚换装等各类需求建议 1670 条。在每年的春节，"共进团圆饭、同过除夕夜——邻里一家亲"活动在各地广泛开展起来，志愿者上门打扫卫生、置办年货、医疗保健、维修家电，用守望相助编织起社区爱心网。"黄帽子"志愿服务队是湖南长沙浏阳市集里桥社区的一道亮丽风景。"黄帽子"志愿服务队有2300多名志愿者，组建了治安巡逻、文明劝导等13支队伍。疫情防控期间，志愿者免费为居民运送生活物品，每个小区出入口还设立"疫情防控第一哨"，测量体温、发放出入卡，为居民的生命健康提供有力保障。

全国各地通过开展志愿服务，提供贴近、精准的服务，有效激发了社区居民的主体意识和责任意识，调动了人民群众协同参与公共事务的主动性。

（来源：《人民日报》2021年3月5日）

 小故事

22年坚持无偿献血

刘嗣东，内蒙古北方重工业集团有限责任公司第四中学教师，2020年度全国学雷锋志愿服务最美志愿者，22年走到哪献血到哪。1999年的夏天，刘嗣东第一次献血。多年来，刘嗣东最常去的地方就是医院血液科和血液中心，北京市红十字血液中心、上海市血液中心、山东省血液中心、青海省血液中心、武汉血液中心、浙江省血液中心、内蒙古自治区血液中心……在参加无偿献血的同时，刘嗣东还积极主动地开展了无偿献血宣传动员和捐献招募工作，在这条充满爱与奉献的道路上，刘嗣东始终身体力行。有2000多人在他的带动下成为红十字造血干细胞捐献志愿者，200余人加入了捐献机采血小板的队伍，他的女儿和他一样成为造血干细胞捐献、器官捐献、血液捐献的"三献"志愿者。54岁的刘嗣东说："我还要一直坚持献血，献到60岁退休，献到不能献血那一天为止！"在从事"三献"志愿服务期间，刘嗣东还积极参与环保、助学、寻亲等社会公益活动，并多次为西藏等地的孩子捐款捐物。他先后被评为"中国红十字志愿者之星"、内蒙古自治区"第五届道德模范"、包头市"首届道德模范"，获得第七届"全国道德模范"提名奖，连续7次获得国家"无偿献血奉献奖"金奖。

组建爱心团体帮助血液病患者。20世纪80年代的热播剧《血疑》让刘嗣东第一次知道了白血病，他十分同情那些可怜的血液病患者，下决心要为这个群体做些力所能及的事。2003年11月，刘嗣东去北京旅游，在北京王府井大街的采血车上，采集了6毫升血样，成了一名红十字造血干细胞捐献志愿者。血液病患者的血小板在化疗期间会遭到破坏，病人时常面临生命危险，必须有大量匹配的血小板输入体内才能进行下一步治疗，为相配型的造血干细胞移植到体内争取时间。然而，有大量的血液病患者在等待过程中会出现血小板告急的状况……刘嗣东得知这一现状后立马投身帮助血液病患者的事业中来，并于2004年组建了一支针对血液病患者提供帮助的民间公益组织，专门为血液病患者提供无偿咨询及血小板资源协调等志愿服务。多年来，刘嗣东带领团队机采血小板，最高峰时达到每14天捐献一次的频率（内蒙古自治区血液中心规定捐献血小板的最低间隔为14天），无数血液病患者因刘嗣东组建的爱心团体受益。刘嗣东说："有我们在大家尽管放心，要相信病一定能治好，明天一定会更好！"

发动爱心大接力。2012年9月的一个晚上，刘嗣东收到了一条消息："我妹妹张美玉，18岁，患急性淋巴性白血病，昨天病情突然恶化，出血不止，急需B型血小板，恳请您帮忙！"刘嗣东随即联系符合捐献条件但身在乌兰浩特的队友佟良玉，佟良玉接到电话后马上赶往血站成功地为美玉捐献了血小板，拉开了"包头—乌兰浩特"的爱心大接力的序幕。因当地医疗资源有限，张美玉不得不转院去河北治疗。当地的血小板资源十分紧张，于是，刘嗣东发动队员与他一起自费前往河北，最后有4人成功捐献了血小板。同时，刘嗣东还积极与廊坊血站及当地志愿者沟通，确保了张美玉治疗时用血小板都能够得到保障。

2015年初，刘嗣东在浏览百度贴吧时看到一名叫刘娜的患者发出一条信息，内容是希望有好心人为她捐献血小板。他和好友没有犹豫坐火车赶往刘娜所在的医院为她捐献了血小板，本以为她可以好起来，但没想到刘娜在移植后出现了排异状况，不幸地离开了这个世界。他说："每次想起那些离开的患者,我都很痛苦,为什么大家做了这么多努力都没能把他们救活?我常常是擦干眼泪,继续投入这项事业,期待下一个奇迹的出现。"22年的捐献经历给了刘嗣东精神上的滋养,爱和奉献让他的内心更强大也更有力量。近些年,随着网络的迅速发展,刘嗣东的志愿服务工作也从线下拓展到了线上,他时常在网络上帮助血液病患者,为他们提供咨询,搭建交流互助平台,协调捐献资源,让患者少花冤枉钱、少走曲折路,成为患者们的知心朋友。"生命不息,奋斗不止。为了爱,我愿意一直干下去,因为有爱就有希望!"刘嗣东说。

(来源:正北方网 2021 年 4 月 10 日,有删减)

(十五)文明穿戴

注重仪表美:衣着得体,简洁大方,色彩协调,简约明快,遵守惯例,区分场合。

注重仪容美:干净卫生,端庄稳重,礼貌待人,勤于梳洗，朴素大方，口气清新。

注重仪态美：站有站相，坐有坐姿，行有行态，言谈文雅，诚恳亲切，语调平和。

 小讲堂

衣着得体，是对他人的尊重

人无礼不生，事无礼不成，国家无礼不宁。

——荀况

男士如何穿西装？

（1）男士穿上合体的西装会显出一种庄重与潇洒。

（2）在正式场合，男士应穿西装套装。

（3）站立状态时应将纽扣系好。双排扣的上衣，纽扣要全部系好；单排扣的上衣，三粒扣的以系中间一个或者上面两个为宜，两粒扣的应该系上面的一个扣，单粒扣的一定要系好。

（4）坐下来时，可将西装上衣的扣子解开，等站立起来时再扣上，尽显西装的风格。

（5）搭配好衬衫，穿出西装的内涵。

（6）衬衫袖子的长度与领子的高度应比西装上衣的袖子稍长、领子稍高，这样的衬衫才是与西装最搭的。

（7）领带（领结）是西装的灵魂，在西装的穿着中起着画龙点睛的作用。

（8）在西装的口袋里面放太多东西会给人累赘、不雅的感觉。

（9）穿西装时，尽量搭配皮鞋，光亮的皮鞋会给人留下良好的整体感觉。

（10）西装袖口外的商标及纯羊毛标记切记要拆下。黑色的皮鞋千万不要配白色的袜子。

女士如何穿西装、旗袍？

西装展现气质

（1）合体的西装能表现出女性流畅柔美的线条，展现女性的优雅气质。

（2）美观大方的西装套裙，常常是品位高雅的选择。

（3）注意皮鞋、发型、妆容与西装的搭配。

旗袍勾勒曲线美

（1）旗袍，线条明朗，贴身合体，能充分展现女性的曲线美。现代旗袍更是女士们最为理想的礼服。

（2）选择旗袍时，要根据年龄、体形、季节等方面考虑，或庄重文静、典雅大方，或富丽高雅、雍容华贵，或绚丽优美、活泼俊俏。

（3）高贵的旗袍最好是单一的颜色，面料以典雅华丽、柔滑挺括的织锦缎、古香缎和金丝缎为佳。

（4）最佳的旗袍长度是达到穿着者的脚背，而开衩的高度，一般应在膝盖以上、大腿中部以下。

（5）穿旗袍适宜配穿高跟鞋，亦可配穿面料高级、制作考究的布鞋。

（6）旗袍的穿着与各种佩饰搭配要和谐。

穿着搭配应注意职业和场合

职业服饰穿合适了是一张靓丽的职业"名片"。

（1）穿适合行业特点的、适合自己身份的服装，是职业人士的明智选择。

（2）女性上班适宜选择流行中略带保守的服装，而不宜穿着太标新立异的服装。

什么场合穿什么服饰，由你角色决定

（1）在隆重的公务场合，适宜穿着正统、庄重的服装，而不适合穿便服。

（2）在正规的社交场合，适宜穿着时尚、典雅和别致的服装。

（3）在轻松的休闲场合，适宜穿着舒适、随意、自由的休闲服。

（4）在温馨的家居场合，适宜穿着比较随意的、个性化的居家服。

（5）在欢乐的喜庆场合，适宜穿着相应热烈、明快的服装。

（6）出席婚礼，穿着不宜过于出众、耀眼，打扮也不宜过于怪异。

（7）在悲哀、肃穆的场合，切记只适宜穿着以黑色或其他深色、素色为主的服装，不宜穿红着绿，也不宜穿有花边、刺绣或飘带之类装饰物的服装。

（8）记住自己所扮演的角色，当衣服与环境融为一体时才是最合适的。

"淡妆浓抹总相宜"—— 注重仪容

（1）仪容妆饰讲求美观大方，整洁卫生，修饰得体。

（2）出席重要场合前，应先把头发梳理好。头发往往能吸引人的第一目光。

（3）洁净、清爽的脸面能给人一种精神焕发的感觉。

（4）女士上班或出席各种正规场合时，宜适当化妆，因为这也是对别人的尊重。

（5）男士要注意细部的整洁，如眼部、鼻腔、口腔、胡须、指甲等。要知道，有时"细节"也能决定一切。

（6）天气热的季节，女士应注意及时补妆。女士不宜当众化妆，也不要轻易评论他人的妆容。

"人体的无声语言"——姿态

（1）"站如松，坐如钟，行如风，卧如弓"，这是人们对姿势最通常的描绘和要求。

（2）最佳的站姿是上体正直、头正目平、嘴唇微闭、表情自然、挺胸收腹、双臂下垂、立腰收臀、双腿自然站直。

（3）端庄、大方、文雅、得体的坐姿，表现的是一种稳重，上身保持直立，双腿自然并拢。女士宜双腿侧斜并拢，避免叉开。男士则不宜高架"二郎腿"或腿脚抖动摇晃。

（4）走姿最好是上身挺直、头正目平、收腹立腰、摆臂自然、步态优美、步伐稳健、动作协调且走成直线。

（5）不要轻易用手指点别人，那样是不礼貌的。

可有可无的得体——佩饰

（1）首饰往往有画龙点睛的效果，但要恰到好处，以少为佳。

（2）佩戴首饰时，色彩上力求同色，质地上争取同质，还讲究符合身份。

（3）戒指一般戴在左手，最好仅戴一枚，最多可戴两枚。戴在不同的手指表达不同的含义。

（4）耳环讲究成对使用，且不宜在一只耳朵上同时戴多只耳环。

（5）手镯可以只戴一只，也可以同时戴上两只。但不宜在一只手上戴多只手镯。

（6）手链，在通常情况下，应戴在左手上。

（7）胸针，适宜别在西装左侧领上。穿无领上衣时，宜别在左侧胸前。

（8）同时佩戴多种首饰，总量上不宜超过3种。不宜在一只手上戴多条手链、双手同时戴手链或手链与手镯同时佩戴。男士戴项链一般不宜外露。

（9）女士的皮包不论提着、挎着、握着都要给人端庄、大方的感觉。

（10）男士的公文包以深色为宜。千万不要将公文包塞得鼓鼓囊囊的。

（11）对长者表示敬意时，或在看演出时，礼貌的做法是把帽子暂时摘下来。

（12）进入室内或在室外遇有隆重仪式或迎送场合，或在与人握手、说话时，要摘下墨镜。

后 记

扫码查看
- 同系列电子书
- 法制科普教育

"文明内蒙古丛书"从选题策划到成书,历时一年,如今终于付梓。在图书编写过程中,编者搜集整理了大量关于新时代文明实践和公民道德建设的资料,深入内蒙古多个盟市机关单位、企业、农村牧区、高校调研,与部分党员干部、市民、企业员工、农牧民、大学生进行了交流,了解了情况,力求用通俗易懂的语言、鲜活的事例把文明实践具体化。希望本丛书的出版有助于引导公民在生活和工作中积极践行社会主义核心价值观,做文明社会的参与者、实践者,为文明内蒙古建设贡献力量。

本丛书在成书过程中得到内蒙古自治区党委宣传部的大力支持和精心指导,内蒙古人民出版社编辑王静、蔺小英、王曼、段瑞昕、董丽娟、孙红梅在提纲编写过程中提出很多修改意见,图片绘画者马东源老师在时间紧、任务重的情况下如期完成插图创作,在此一并表示感谢。

由于编写时间仓促,加之笔者能力有限,书中难免会出现错误和不妥之处,恳请读者批评指正。